AF222032

Impressum
Verlag: BABADADA GmbH, Nedderfeld 112 , 22529 Hamburg
Geschäftsführer / Verlagsleitung: Harald Hof
Druck: Books on Demand GmbH, In de Tarpen 42, 22848 Norderstedt

Imprint
Publisher: BABADADA GmbH, Nedderfeld 112 , 22529 Hamburg, Germany
Managing Director / Publishing direction: Harald Hof
Print: Books on Demand GmbH, In de Tarpen 42, 22848 Norderstedt

école
escola

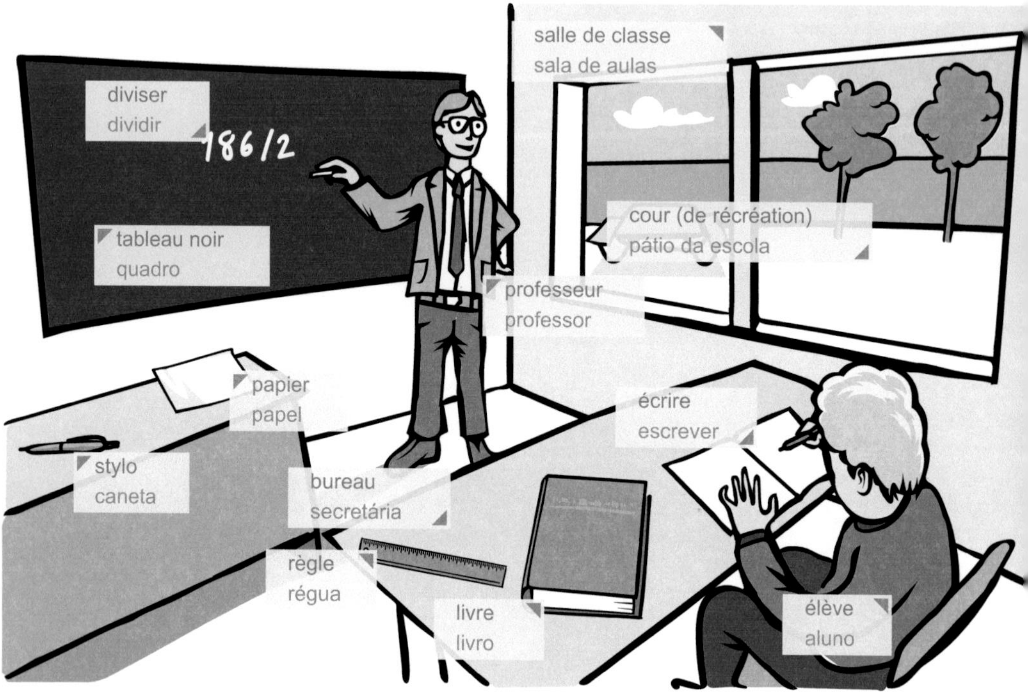
salle de classe
sala de aulas
diviser
dividir
186/2
tableau noir
quadro
cour (de récréation)
pátio da escola
professeur
professor
papier
papel
écrire
escrever
stylo
caneta
bureau
secretária
règle
régua
livre
livro
élève
aluno

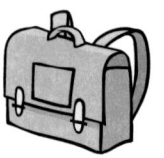

cartable
mochila

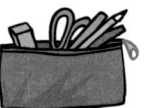

trousse
estojo de lápis

crayon
lápis

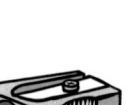

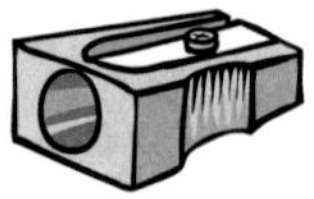

taille-crayon
afia-lápis

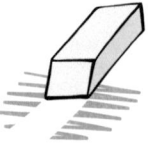

gomme
borracha

carnet à dessin
bloco de desenho

dessin

desenho

pinceau

pincel

boîte de peinture

caixa de tintas

ciseaux

tesoura

colle

cola

cahier d'exercices

livro de exercícios

devoirs

trabalhos de casa

chiffre

número

additionner

somar

soustraire

subtrair

multiplier

multiplicar

calculer

calcular

lettre

letra

alphabet

alfabeto

mot

palavra

texte

texto

lire

ler

craie

giz

leçon

hora

livre de classe

registo de presenças

examen

exame

certificat

certificado

uniforme scolaire

uniforme escolar

formation

educação

lexique

enciclopédia

université

universidade

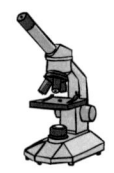

microscope

microscópio

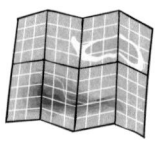

carte

mapa

corbeille à papier

cesto de lixo

voyage
viagem

hôtel
hotel
Grand
auberge
hostel
ROOMS
bureau de change
casa de câmbio
CHANGE
valise
mala
voiture
carro

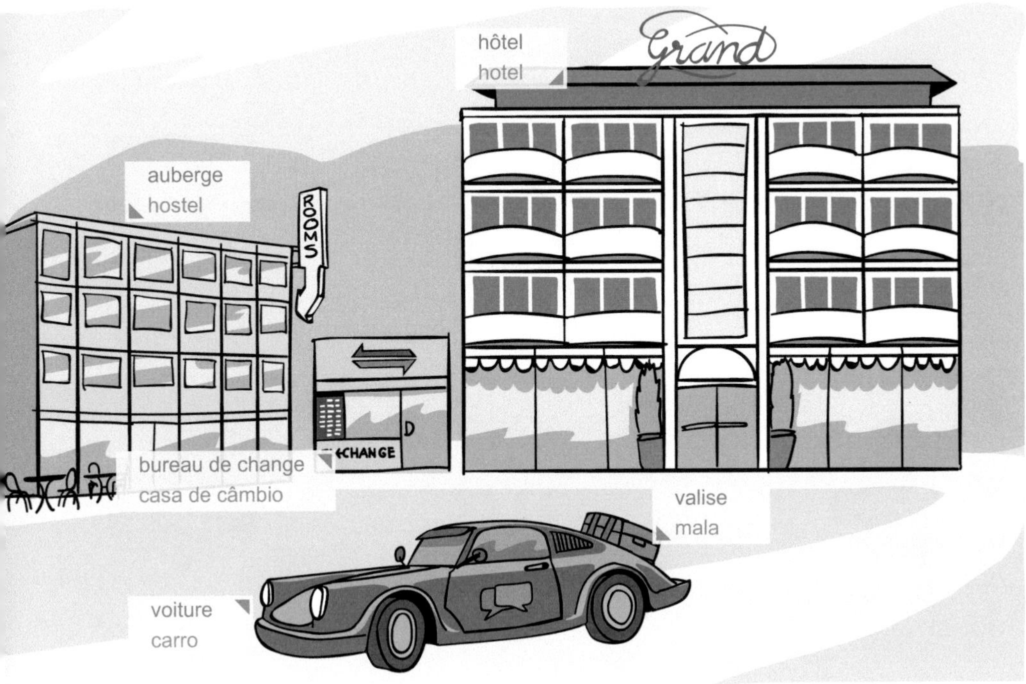

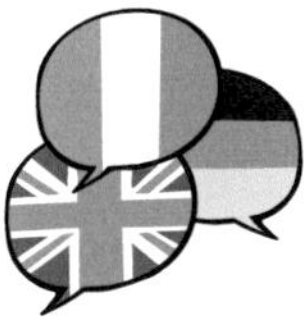

langue
idioma

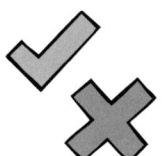

oui / non
sim / não

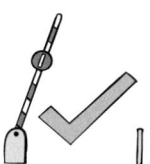

d'accord
ok / certo / correto

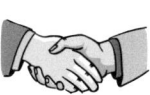

Salut
olá

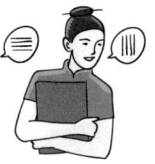

interprète
intérprete

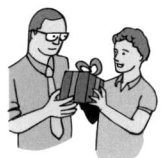

merci
obrigado

Combien coûte...?
quanto é que custa... ?

Je ne comprends pas
não entendo

problème
problema

Bonsoir !
boa noite!

Bonjour !
Bom dia!

Bonne nuit !
Boa noite!

Au revoir
adeus

direction
direção

bagages
bagagem

sac
saco

sac-à-dos
mochila

hôte
convidado

pièce
quarto

sac de couchage
saco-cama

tente
tenda

office de tourisme

informação turística

plage

praia

carte de crédit

cartão de crédito

petit-déjeuner

pequeno-almoço

déjeuner

almoço

dîner

jantar

billet

bilhete

ascenseur

elevador

timbre

selo postal

frontière

fronteira

douane

alfândega

ambassade

embaixada

visa

visto

passeport

passaporte

voyage - viagem

transport
transporte

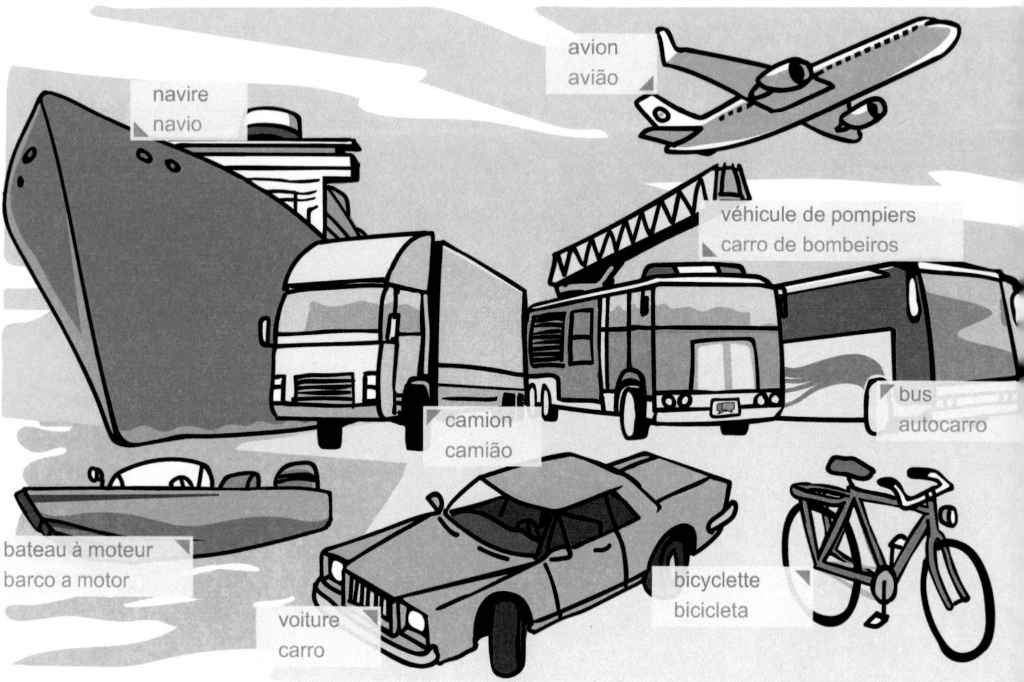

avion
avião
navire
navio
véhicule de pompiers
carro de bombeiros
camion
camião
bus
autocarro
bateau à moteur
barco a motor
voiture
carro
bicyclette
bicicleta

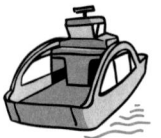

ferry

cacilheiro

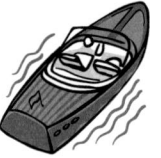

barque

barco

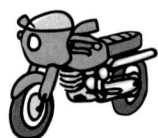

moto

mota

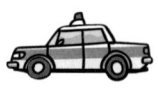

voiture de police

carro de polícia

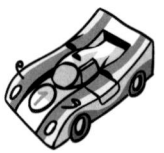

voiture de course

carro de corrida

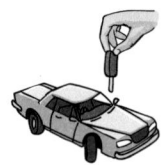

voiture de location

carro alugado

auto-partage

carsharing

voiture de remorquage

camião de reboque

benne à ordures

camião do lixo

moteur

motor

essence

combustível

station d'essence

estação de serviço

panneau indicateur

sinal de trânsito

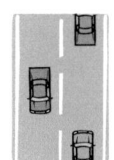

trafic

trânsito

embouteillage

congestionamento de trânsito

parking

parque de estacionamento

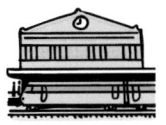

gare

estação ferroviária

rails

carris

train

comboio

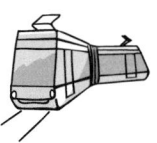

tramway

elétrico

wagon

carruagem

hélicoptère
helicóptero

aéroport
aeroporto

tour
torre

passager
passageiro

conteneur
contentor

carton
caixa de papelão

chariot
carrinho

corbeille
cesto

décoller / atterrir
levantar voo / aterrar

ville

cidade

village
aldeia

centre-ville
centro da cidade

maison
casa

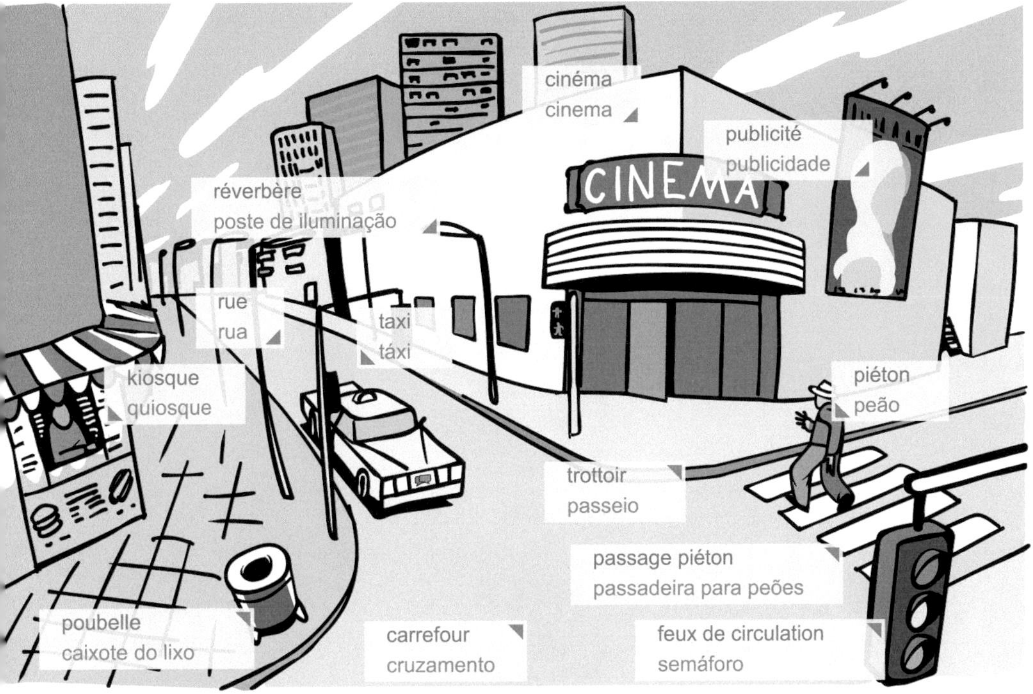

cinéma
cinema

publicité
publicidade

réverbère
poste de iluminação

CINEMA

rue
rua

taxi
táxi

piéton
peão

kiosque
quiosque

trottoir
passeio

passage piéton
passadeira para peões

poubelle
caixote do lixo

carrefour
cruzamento

feux de circulation
semáforo

cabane

cabana

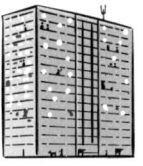

appartement

apartamento

gare

estação ferroviária

mairie

câmara municipal

musée

museu

école

escola

université

universidade

banque

banco

hôpital

hospital

hôtel

hotel

pharmacie

farmácia

bureau

escritório

librairie

livraria

magasin

loja

fleuriste

florista

supermarché

supermercado

marché

mercado

grand magasin

loja de departamentos

poissonnerie

peixaria

centre commercial

centro comercial

port

porto

parc

parque

banque

banco

pont

ponte

escaliers

escadas

métro

metro

tunnel

túnel

arrêt de bus

paragem de autocarro

bar

bar

restaurant

restaurante

boîte à lettres

caixa de correio

panneau indicateur

sinal de trânsito

parcmètre

parquímetro

zoo

jardim zoológico

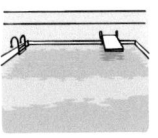

piscine

piscina

mosquée

mesquita

ferme
quinta

pollution
poluição

cimetière
cemitério

église
igreja

aire de jeux
parque infantil

temple
templo

paysage
paisagem

feuille
folha

panneau indicateur
placa de sinalização

chemin
caminho

pré
prado

pierre
pedra

arbre
árvore

randonneur
caminhantes

rivière
rio

herbe
relva

fleur
flor

vallée

vale

montagne

montanha

lac

lago

forêt

floresta

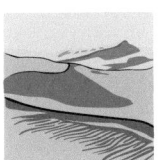

désert

deserto

volcan

vulcão

château

castelo

arc-en-ciel

arco-íris

champignon

cogumelo

palmier

palma

moustique

mosquito

mouche

mosca

fourmis

formiga

abeille

abelha

araignée

aranha

coléoptère

besouro

grenouille

sapo

écureuil

esquilo

hérisson

ouriço

lièvre

lebre

chouette

coruja

oiseau

pássaro

cygne

cisne

sanglier

javali

cerf

veado

élan

alce

barrage

barragem

éolienne

turbina eólica

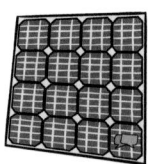

panneau solaire

painel solar

climat

clima

16   paysage - paisagem

restaurant
restaurante

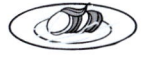

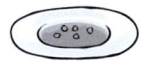

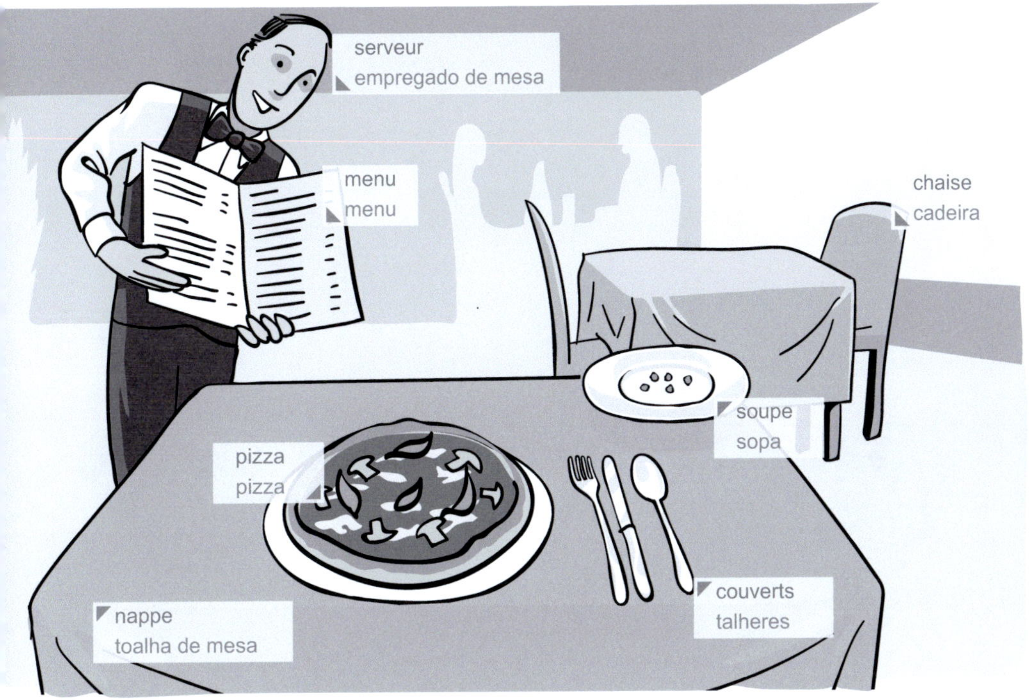
serveur
empregado de mesa
menu
menu
chaise
cadeira
soupe
sopa
pizza
pizza
couverts
talheres
nappe
toalha de mesa

hors d'œuvre

entrada

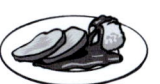

plat principal

prato principal

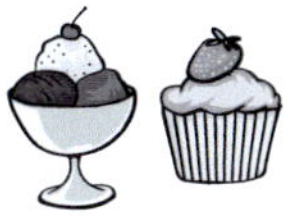

dessert

sobremesa

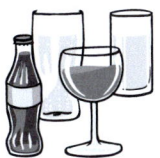

boissons

bebidas

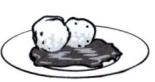

alimentation

comida

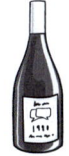

bouteille

garrafa

fast-food

fast food

plats à emporter

comida de rua

théière

bule de chá

sucrier

açucareiro

portion

porção

machine à expresso

máquina de café expresso

chaise haute

cadeira alta

facture

conta

plateau

bandeja

couteau

faca

fourchette

garfo

cuillère

colher

cuillère à thé

colher de chá

serviette

guardanapo

verre

copo

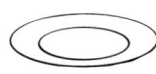

assiette

prato

assiette à soupe

prato de sopa

soucoupe

pires

sauce

molho

salière

saleiro

moulin à poivre

moinho de pimenta

vinaigre

vinagre

huile

óleo

épices

especiarias

ketchup

ketchup

moutarde

mostarda

mayonnaise

maionese

supermarché
supermercado

offre promotionnelle
oferta especial
FOR
client
cliente
produits laitiers
laticínios
fruits
fruta
chariot
carrinho de compras

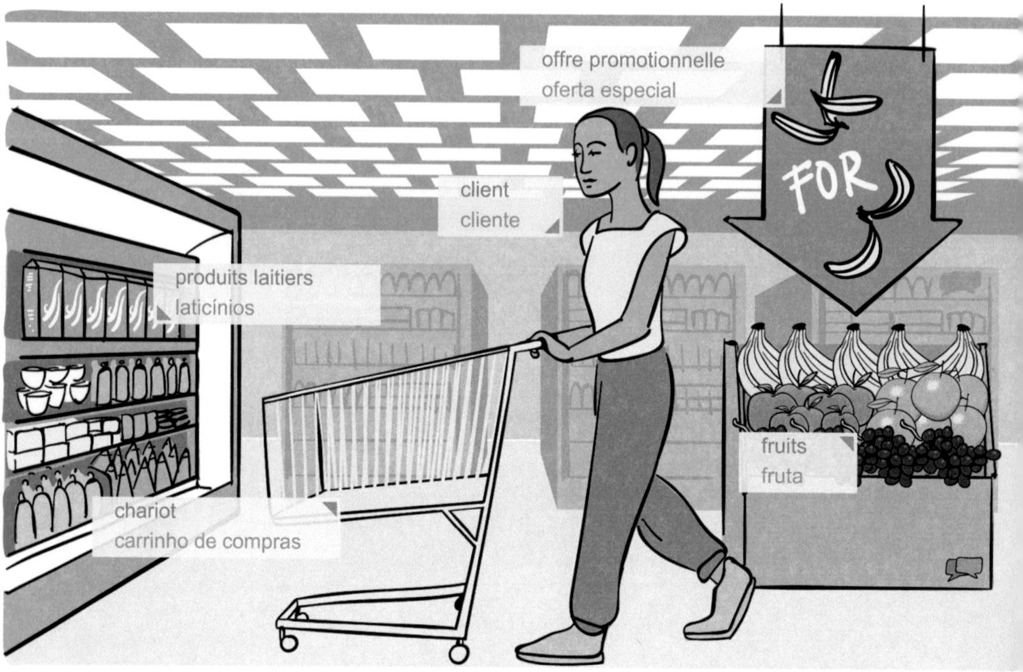

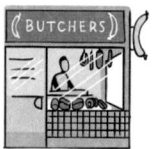

BUTCHERS

boucherie

talho

BAKERY

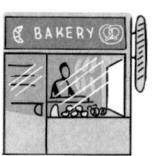

boulangerie

padaria

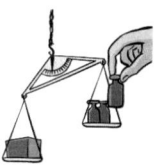

peser

pesar

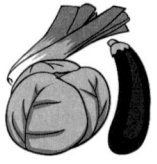

légumes

vegetais

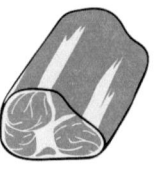

viande

carne

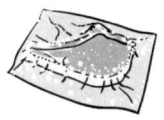

aliments surgelés

alimentos congelados

charcuterie

charcutaria

conserves

comida enlatada

poudre à lessive

detergente em pó

bonbons

doces

articles ménagers

artigos domésticos

détergents

produtos de limpeza

vendeuse

vendedora

caisse

caixa

caissier

caixa

liste d'achats

lista de compras

heures d'ouverture

horário de funcionamento

portefeuille

carteira

carte de crédit

cartão de crédito

sac

saco

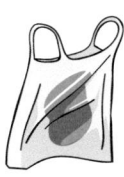

sac en plastique

saco de plástico

eau

água

jus de fruit

sumo

lait

leite

coca

coca-cola

vin

vinho

bière

cerveja

alcool

álcool

chocolat chaud

cacau

thé

chá

café

café

expresso

café expresso

cappuccino

capuccino

banane

banana

pomme

maçã

orange

laranja

melon

melão

citron

limão

carotte

cenoura

ail

alho

bambou

bambu

oignon

cebola

champignon

cogumelo

noisettes

nozes

pâtes

talharim

spaghetti
esparguete

riz
arroz

salade
salada

pommes frites
batatas fritas

pommes de terre rôties
batatas fritas

pizza
pizza

hamburger
hambúrguer

sandwich
sanduíche

escalope
bife panado

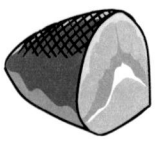

jambon
fiambre

salami
salame

saucisse
salsicha

poulet
galinha

rôti
assado

poisson
peixe

flocons d'avoine
flocos de aveia

muesli
muesli

cornflakes
flocos de milho

farine
farinha

croissant
croissant

petits-pains
carcaça (pãozinho)

pain
pão

pain grillé
torrada

biscuits
biscoitos

beurre
manteiga

le fromage blanc
requeijão

gâteau
bolo

œuf
ovo

œuf au plat
ovo estrelado

fromage
queijo

glace

gelado

sucre

açúcar

miel

mel

confiture

compota

crème nougat

creme de nougat

curry

caril

ferme
quinta

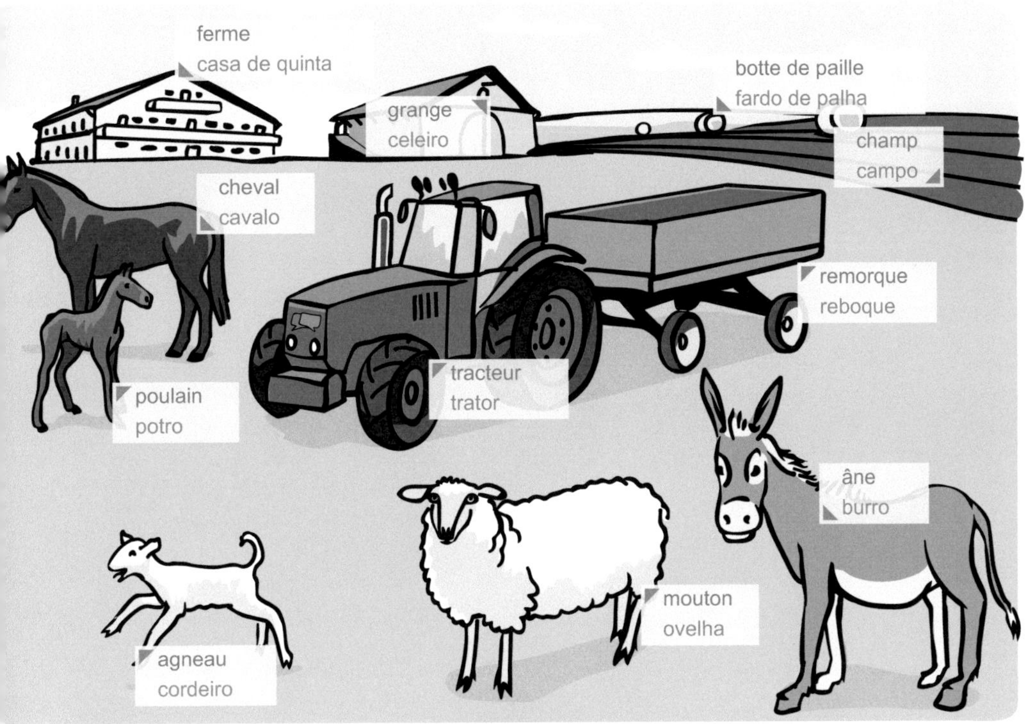

ferme
casa de quinta
grange
celeiro
botte de paille
fardo de palha
champ
campo
cheval
cavalo
remorque
reboque
tracteur
trator
poulain
potro
âne
burro
mouton
ovelha
agneau
cordeiro

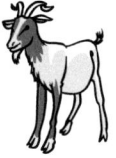

chèvre

cabra

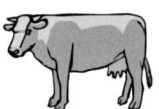

vache

vaca

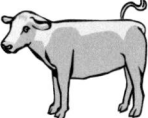

veau

bezerro

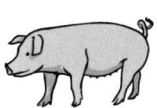

porc

porco

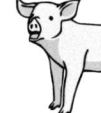

porcelet

leitão

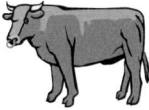

taureau

touro

oie

ganso

canard

pato

poussin

pintaínho

poule

galinha

coq

galo

rat

ratazana

chat

gato

souris

rato

bœuf

boi

chien

cão

chenil

casota

tuyau de jardin

mangueira de jardim

arrosoir

regador

faucheuse

foice

charrue

arado

faucille

foice

pioche

enxada

fourche

forquilha

hache

machado

brouette

carrinho de mão

cuve

manjedoura

pot à lait

jarro de leite

sac

saco

clôture

cerca

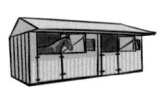

étable

estábulo

serre

estufa

sol

solo

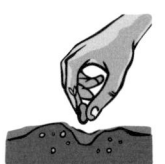

semences

semente

engrais

fertilizante

moissonneuse-batteuse

ceifeira-debulhadora

récolter

colher

récolte

colheita

igname

inhame

blé

trigo

soja

soja

pomme de terre

batata

maïs

milho

colza

colza

arbre fruitier

árvore de fruto

manioc

mandioca

céréales

cereais

maison
casa

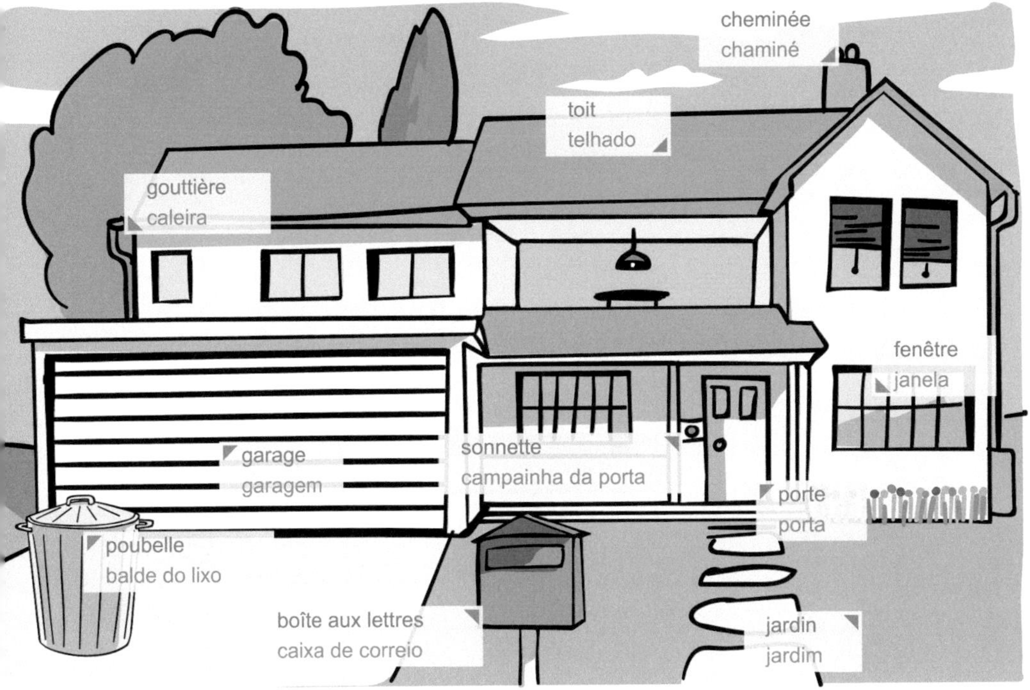

cheminée
chaminé
toit
telhado
gouttière
caleira
fenêtre
janela
garage
garagem
sonnette
campainha da porta
porte
porta
poubelle
balde do lixo
boîte aux lettres
caixa de correio
jardin
jardim

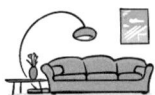

salon

sala de estar

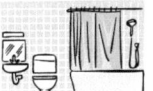

salle de bain

casa de banho

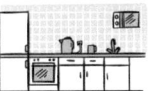

cuisine

cozinha

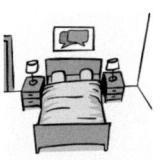

chambre à coucher

quarto de dormir

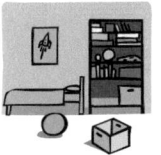

chambre d'enfant

quarto de criança

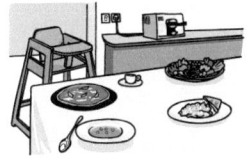

salle à manger

sala de jantar

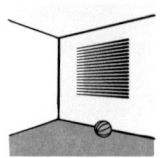

sol

chão

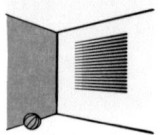

mur

parede

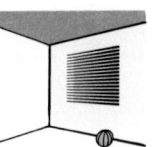

plafond

teto

cave

cave

sauna

sauna

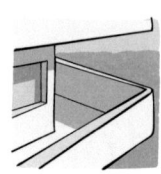

balcon

varanda

terrasse

terraço

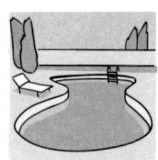

piscine

piscina

tondeuse à gazon

máquina de cortar relvado

housse

lençol

couette

cobertor

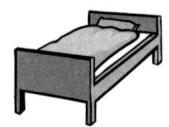

lit

cama

balai

vassoura

sceau

balde

interrupteur

interruptor

salon

sala de estar

papier peint
papel de parede
image
imagem
lampe
lâmpada
étagère
prateleira
armoire
armário
télé
televisão
cheminée
lareira
fleur
flor
coussin
almofada
sofa
sofá
vase
vaso
télécommande
controlo remoto

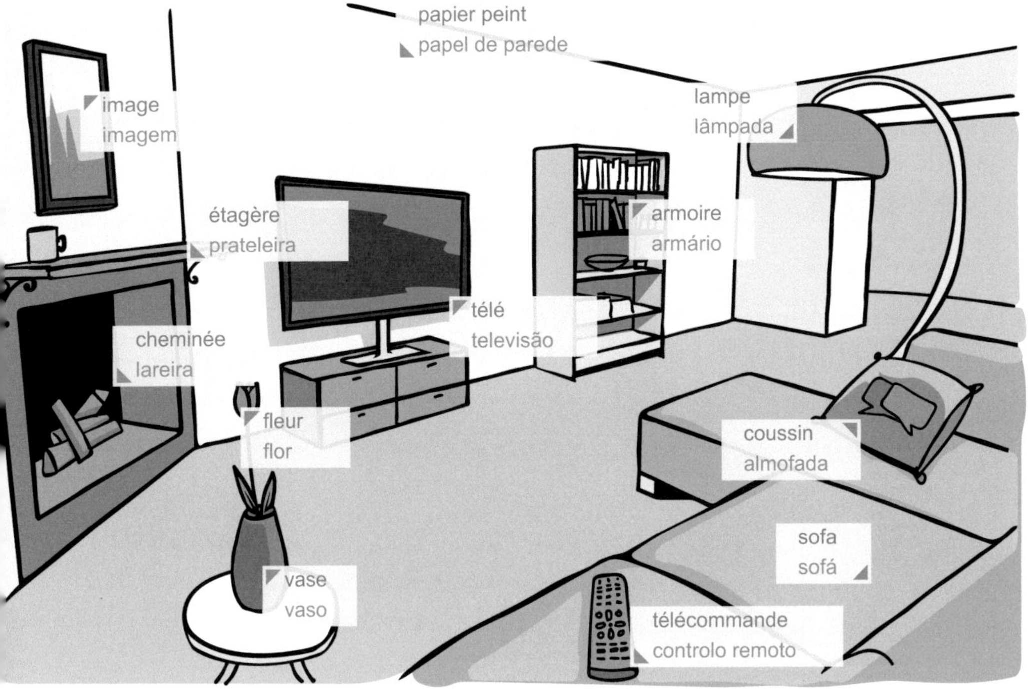

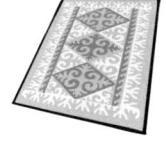

tapis

tapete

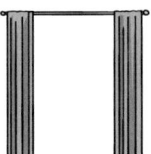

rideau

cortina

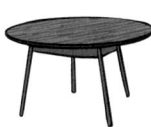

table

mesa

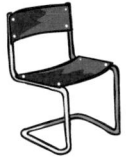

chaise

cadeira

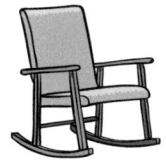

chaise à bascule

cadeira de baloiço

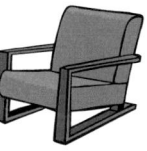

fauteuil

poltrona

livre

livro

couverture

cobertor

décoration

decoração

bois de chauffage

lenha

film

filme

chaîne hi-fi

sistema estéreo

clé

chave

journal

jornal

peinture

pintura

poster

póster

radio

rádio

bloc-notes

bloco de notas

aspirateur

aspirador

cactus

cato

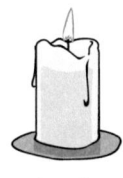

bougie

vela

cuisine
cozinha

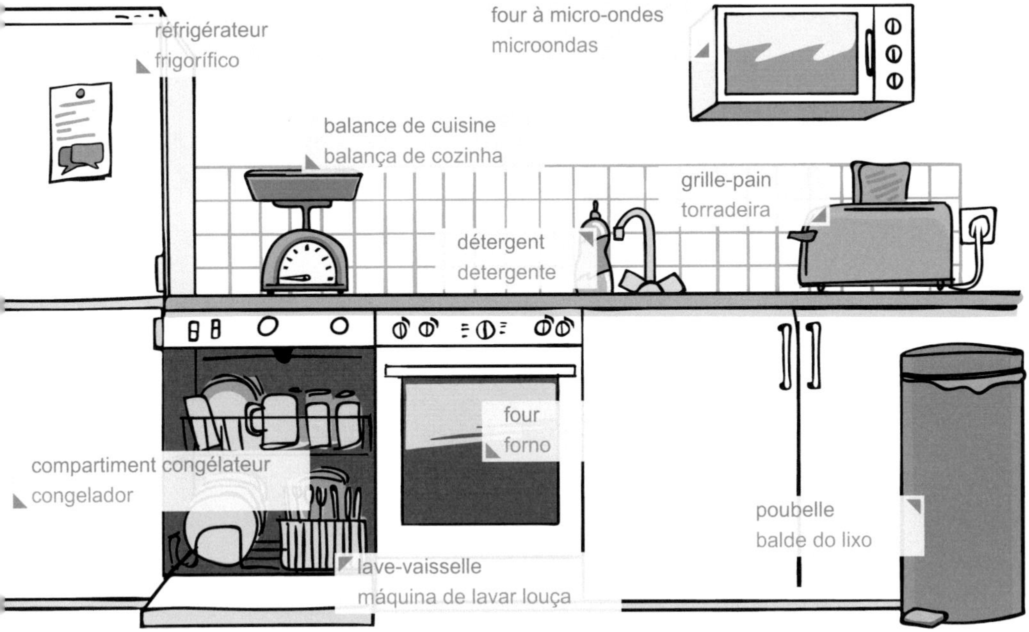
réfrigérateur
frigorífico
four à micro-ondes
microondas
balance de cuisine
balança de cozinha
grille-pain
torradeira
détergent
detergente
four
forno
compartiment congélateur
congelador
poubelle
balde do lixo
lave-vaisselle
máquina de lavar louça

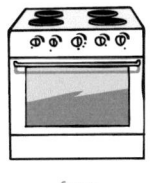

four

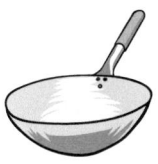

fogão

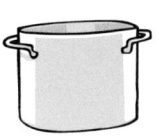

casserole

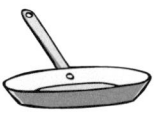

panela

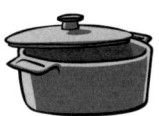

marmite

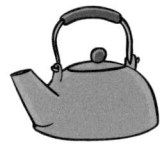

panela de ferro

wok / kadai

wok / kadai

poêle

frigideira

bouilloire electrique

chaleira

cuiseur vapeur

panela a vapor

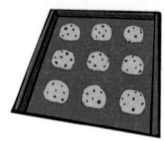

plaque de cuisson

tabuleiro de forno

vaisselle

louça

gobelet

caneca

coupe

tigela

baguettes

pauzinhos

louche

concha de sopa

spatule

espátula

fouet

batedor de claras

passoire

escorredor

tamis

peneira

râpe

ralador

mortier

almofariz

barbecue

churrasqueira

cheminée

lareira

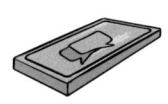

planche à découper

tábua de cortar

rouleau à pâtisserie

rolo da massa

tire-bouchon

saca-rolhas

boîte

lata

ouvre-boîte

abridor de latas

maniques

luvas de forno

lavabo

lava-loiça

brosse

escova

éponge

esponja

mixeur

liquidificador

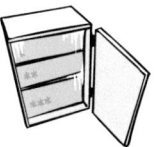

congélateur

arca frigorífica

biberon

biberão

robinet

torneira

salle de bain
casa de banho

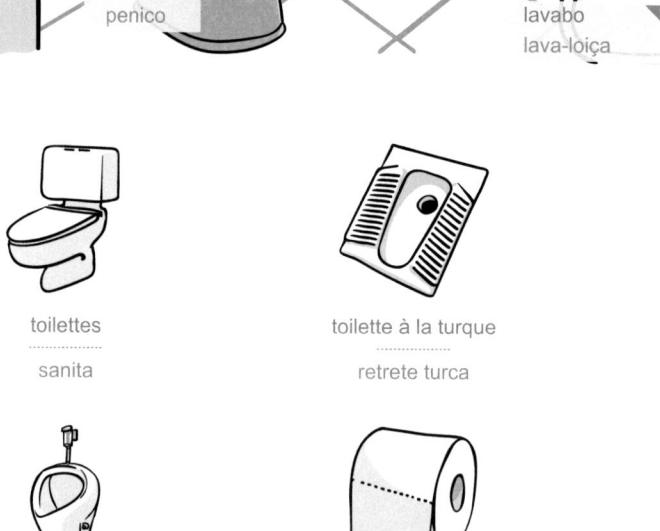

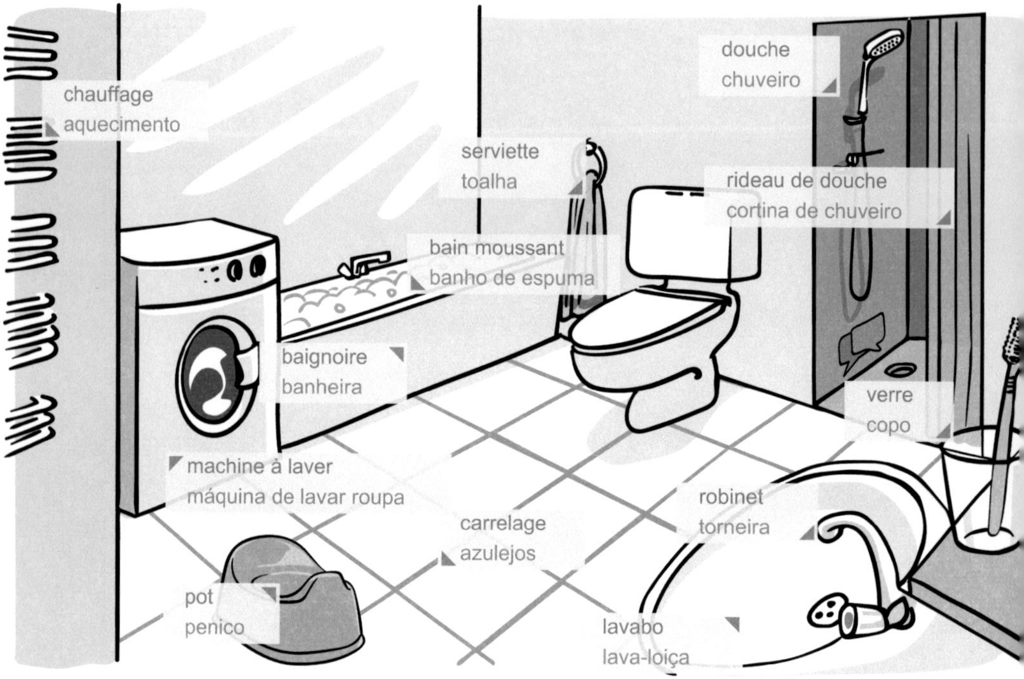
chauffage
aquecimento
douche
chuveiro
serviette
toalha
rideau de douche
cortina de chuveiro
bain moussant
banho de espuma
baignoire
banheira
verre
copo
machine à laver
máquina de lavar roupa
robinet
torneira
carrelage
azulejos
pot
penico
lavabo
lava-loiça

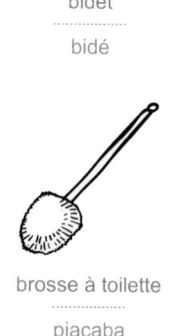

toilettes

sanita

toilette à la turque

retrete turca

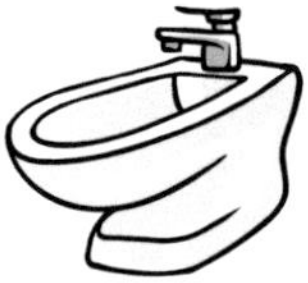

bidet

bidé

urinoir

urinol

papier toilette

papel higiénico

brosse à toilette

piaçaba

brosse à dents

escova de dentes

dentifrice

pasta de dentes

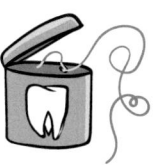

fil dentaire

fio dentário

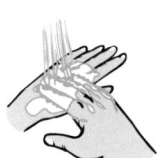

laver

lavar

douche manuelle

chuveiro de mão

douche intime

duche íntimo

vasque

bacia

brosse dorsale

escova para as costas

savon

sabonete

gel douche

gel de banho

shampooing

champô

gant de toilette

toalha de rosto

écoulement

escoamento

crème

creme

déodorant

desodorizante

miroir

espelho

miroir cosmétique

espelho de mão

rasoir

máquina de barbear

mousse à raser

creme de barbear

après-rasage

loção pós-barba

peigne

pente

brosse

escova

sèche-cheveux

secador de cabelo

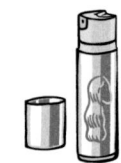

laque pour cheveux

spray de cabelo

fond de teint

maquilhagem

rouge à lèvres

batom

vernis à ongles

verniz de unhas

ouate

algodão

coupe-ongles

tesoura para unhas

parfum

perfume

trousse de toilette

nécessaire

tabouret

tamborete

pèse-personne

balança

peignoir

roupão de banho

gants de nettoyage

luvas de borracha

tampon

tampão

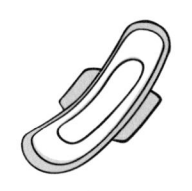

serviettes hygiéniques

penso higiénico

toilette chimique

WC químico

chambre d'enfant

quarto de criança

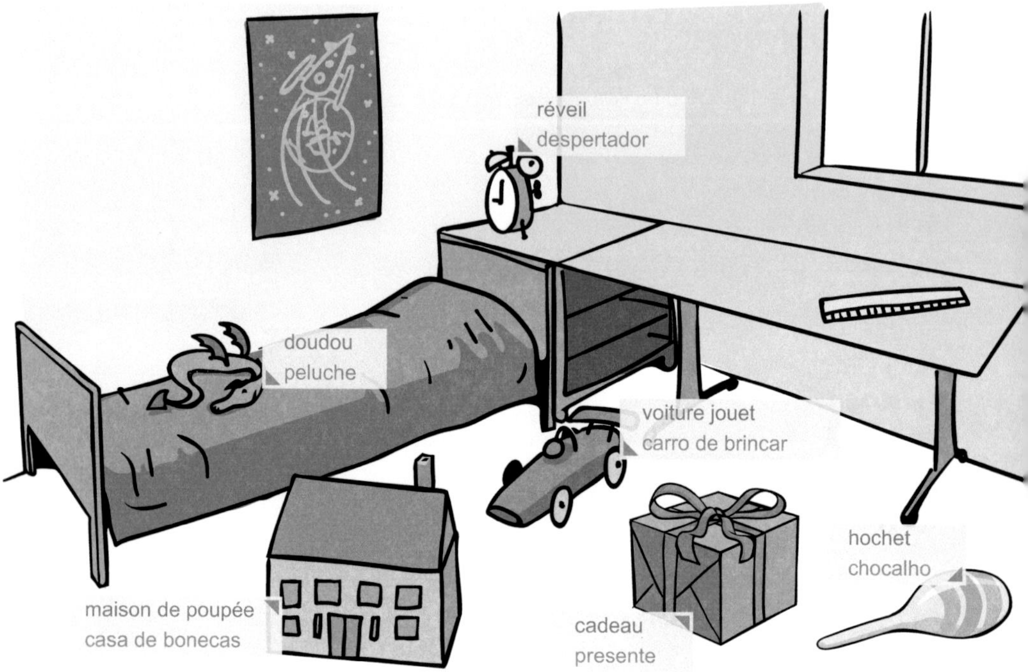

réveil
despertador
doudou
peluche
voiture jouet
carro de brincar
hochet
chocalho
maison de poupée
casa de bonecas
cadeau
presente

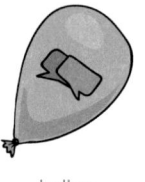

ballon

balão

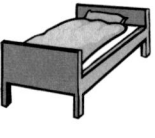

lit

cama

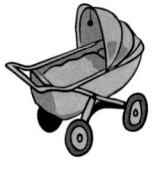

poussette

carrinho de bebé

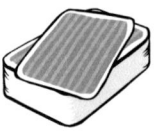

jeu de cartes

jogo de cartas

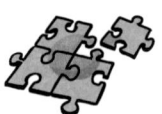

puzzle

quebra-cabeças

SUPER
MEGA

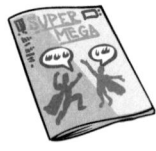

bande dessinée

banda desenhada

pièces lego

peças de Lego

blocs de construction

blocos de construção

figurine

figura de ação

grenouillère

fato de bebé

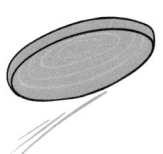

frisbee

Frisbee

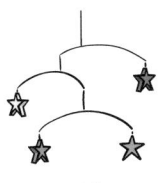

mobile

móbile para bebé

jeu de société

jogo de tabuleiro

dé

dados

train miniature

pista de comboio elétrico

sucette

chupeta

fête

festa

livre d'images

livro ilustrado

balle

bola

poupée

boneca

jouer

jogar

bac à sable

caixa de areia

balançoire

baloiço

jouets

brinquedos

console de jeu

consola de jogos

tricycle

triciclo

ours en peluche

ursinho de peluche

armoire

guarda-roupa

vêtements

vestuário

chaussettes

meias

bas

meias pelo joelho

collant

meias-calças

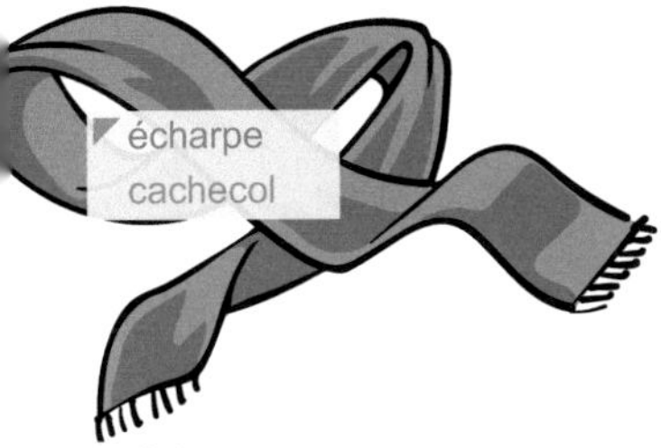

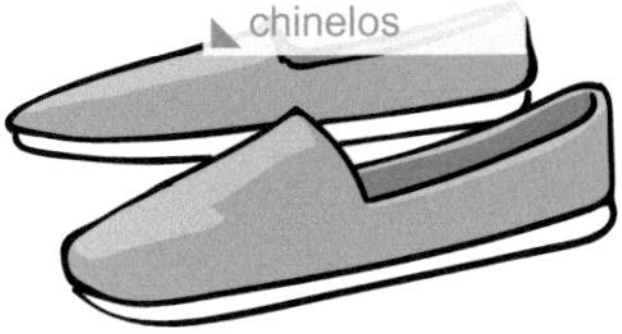

écharpe
cachecol

ceinture
cinto

parapluie
guarda-chuva

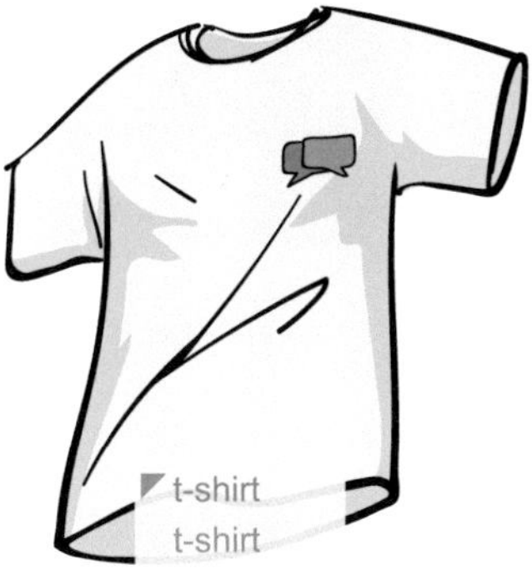

t-shirt
t-shirt

bottes
botas

pantoufles
chinelos

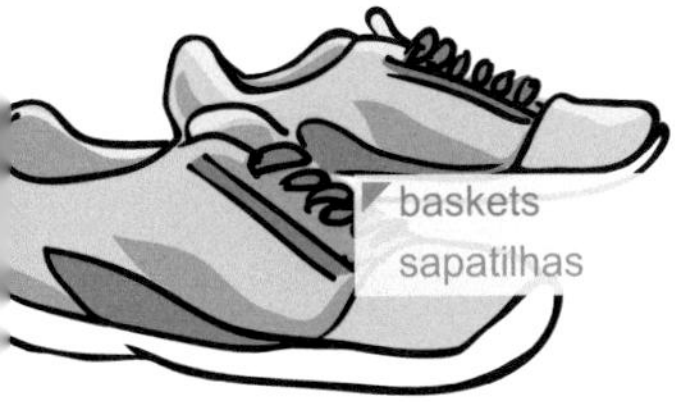

baskets
sapatilhas

sandales

sandálias

chaussures

sapatos

bottes de caoutchouc

botas de borracha

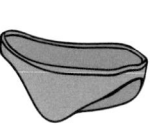

sous-vêtements

cuecas

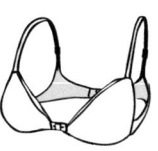

soutien-gorge

sutiã

maillot de corps

camisola interior

body

body

pantalon

calças

jean

calças de ganga

jupe

saia

chemisier

blusa

chemise

camisa

pull

pulôver

sweat à capuche

camisola com capuz

veste

blazer

veste

casaco

manteau

manto

imperméable

gabardina

costume

traje

robe

vestido

robe de mariée

vestido de casamento

costume

fato

chemise de nuit

camisa de dormir

pyjama

pijama

sari

sari

foulard

lenço de cabeça

turban

turbante

burqa

burca

caftan

cafetã

abaya

abaya

maillot de bain

fato de banho

maillot de bain

calções de banho

short

calções

tenue d'entraînement

fato de treino

tablier

avental

gants

luvas

bouton

botão

lunettes

óculos

bracelet

pulseira

collier

colar

bague

anel

boucle d'oreille

brinco

bonnet

boné

cintre

cabide

chapeau

chapéu

cravate

gravata

fermeture éclair

fecho de correr

casque

capacete

bretelles

suspensórios

uniforme scolaire

uniforme escolar

uniforme

uniforme

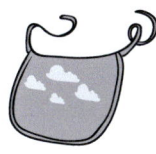

bavoir

babete

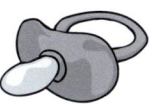

sucette

chupeta

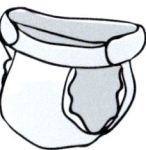

lange

fralda

bureau
escritório

serveur
servidor
armoire d'archivage
armário de arquivo
imprimante
impressora
écran
ecrã
papier
papel
souris
rato
bureau
secretária
classeur
pasta
clavier
teclado
chaise
cadeira
corbeille à papier
cesto de lixo
ordinateur
computador

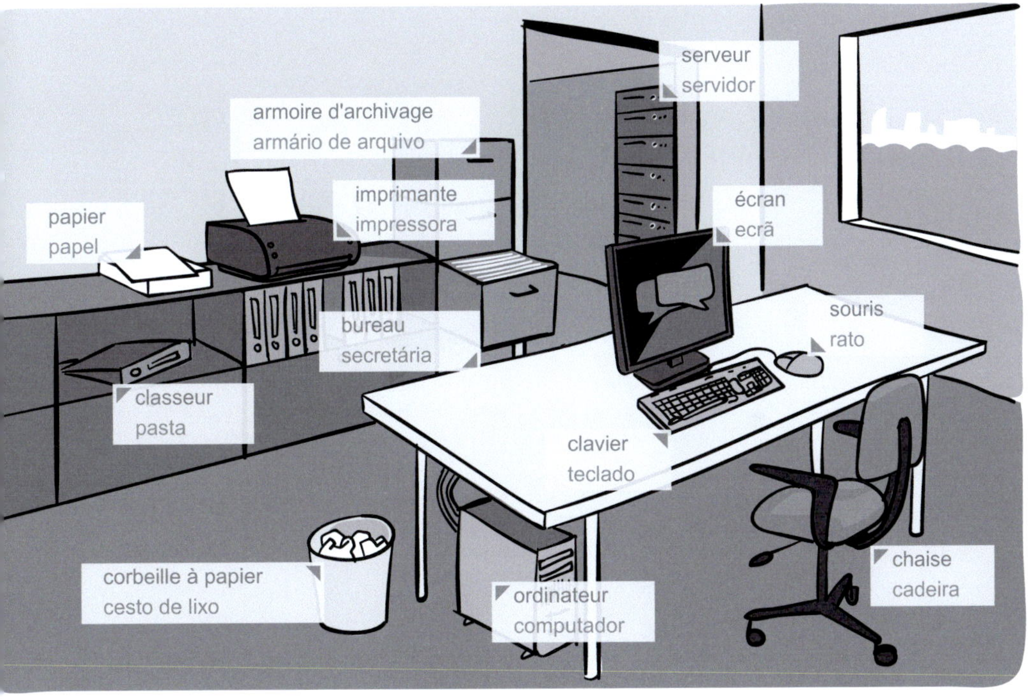

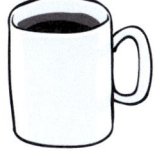

tasse de café

caneca de café

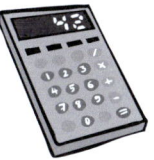

calculatrice

calculadora

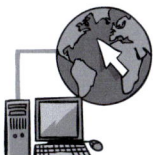

internet

internet

ordinateur portable

computador portátil

lettre

carta

message

mensagem

portable

telemóvel

réseau

rede

photocopieuse

fotocopiadora

logiciel

software

téléphone

telefone

prise

tomada elétrica

fax

fax

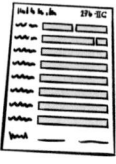

formulaire

formulário

document

documento

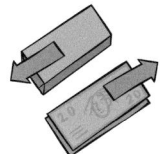

acheter

comprar

payer

pagar

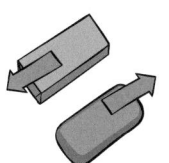

faire du commerce

negociar

monnaie

dinheiro

  **USD**

dollar

dólar

  **EUR**

euro

euro

  **JPY**

yen

yen

  **RUB**

rouble

rublo

  **CHF**

franc suisse

franco suíço

  **CNY**

renminbi yuan

renminbi yuan

  **INR**

roupie

rupia

distributeur automatique

caixa de multibanco

bureau de change

casa de câmbio

or

ouro

argent

prata

pétrole

petróleo

énergie

energia

prix

preço

contrat

contrato

taxe

imposto

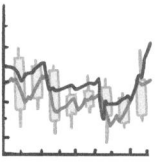

action

ação

travailler

trabalhar

employé

empregado

employeur

entidade patronal

usine

fábrica

magasin

loja

professions
profissões

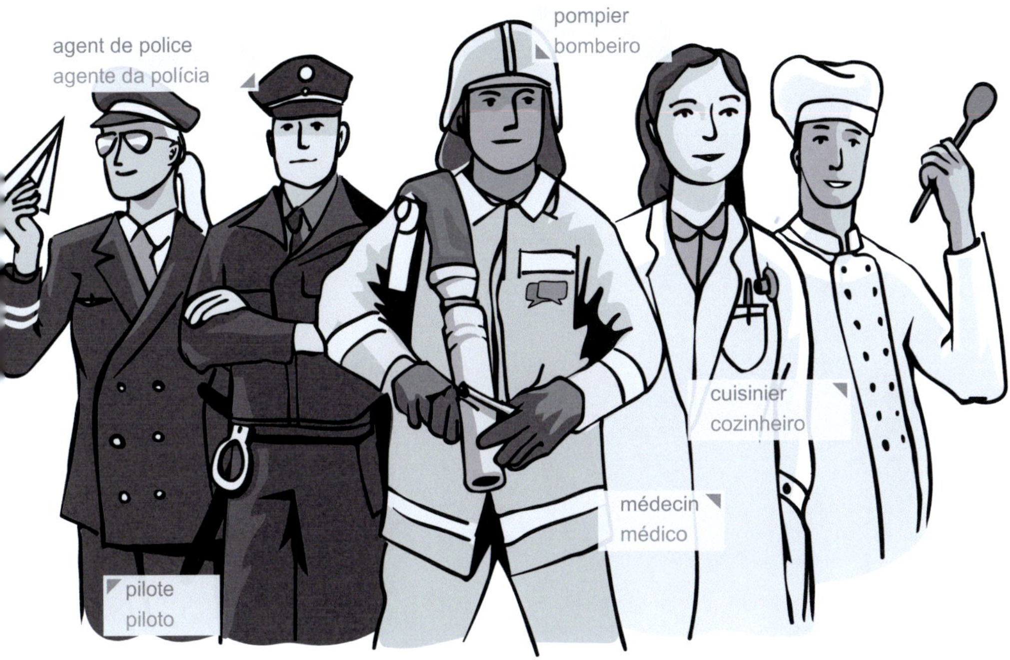
agent de police
agente da polícia
pompier
bombeiro
cuisinier
cozinheiro
médecin
médico
pilote
piloto

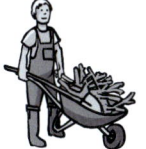

jardinier
jardineiro

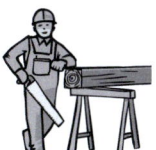

menuisier
carpinteiro

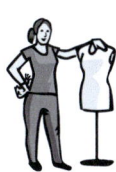

couturière
costureira

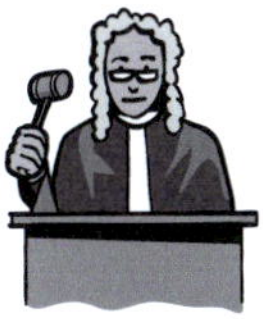

juge
juiz

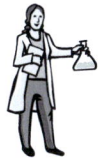

chimiste
químico

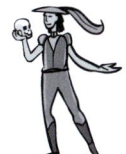

acteur
ator

conducteur de bus

motorista de autocarro

chauffeur de taxi

motorista de táxi

pêcheur

pescador

femme de ménage

empregada de limpeza

couvreur

telhador

serveur

empregado de mesa

chasseur

caçador

peintre

pintor

boulanger

padeiro

électricien

eletricista

ouvrier

construtor

ingénieur

engenheiro

boucher

talhante

plombier

canalizador

facteur

carteiro

soldat
soldado

architecte
arquiteto

caissier
caixa

fleuriste
florista

coiffeur
cabeleireiro

contrôleur
controlador de bilhetes

mécanicien
mecânico

capitaine
capitão

dentiste
dentista

scientifique
cientista

rabbin
rabino

imam
imã

moine
monge

prêtre
pastor

outils
ferramentas

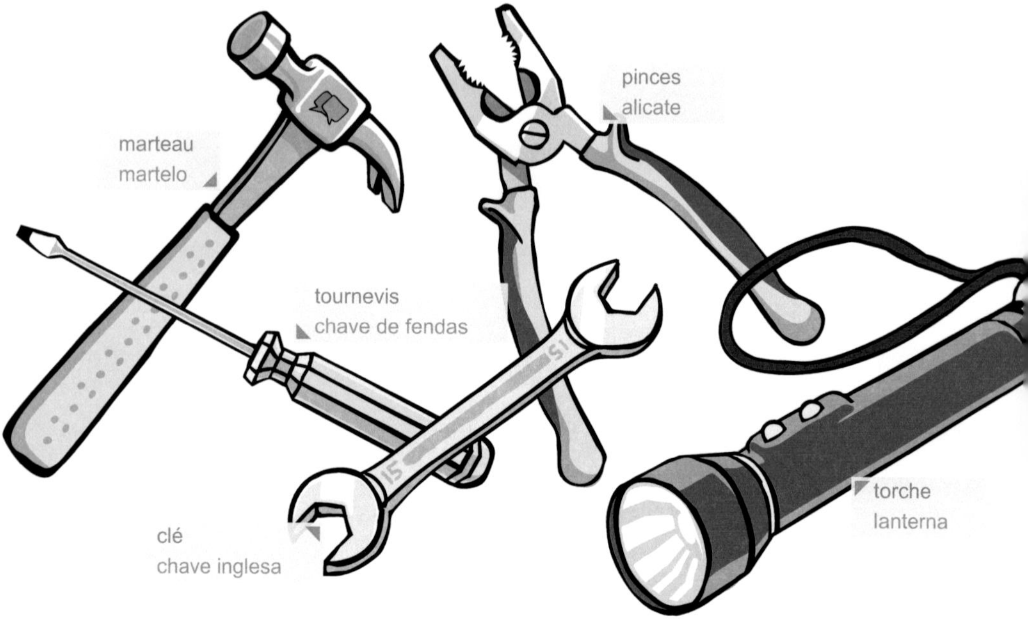

marteau
martelo
pinces
alicate
tournevis
chave de fendas
clé
chave inglesa
torche
lanterna

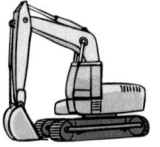

pelleteuse

escavadora

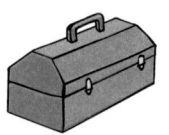

boîte à outils

caixa de ferramentas

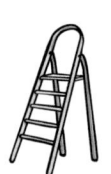

échelle

escadote

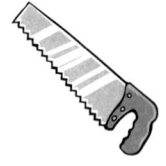

scie

serra

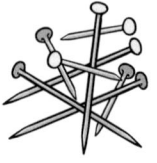

clous

pregos

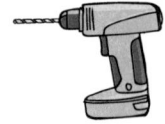

perceuse

broca

réparer

reparar

pelle

pá

Mince !

porcaria!

pelle

pá de lixo

pot de peinture

pote de tinta

vis

parafusos

instruments de musique
instrumentos musicais

haut-parleurs
altifalante

batterie
bateria

guitare
guitarra

contrebasse
contrabaixo

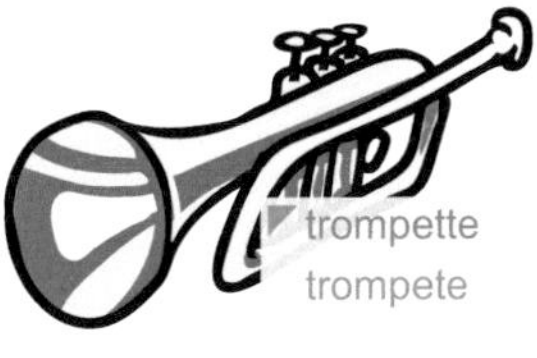

trompette
trompete

piano

piano

violon

violino

basse

baixo

timbales

timbales

tambour

tambor

piano électrique

teclado

saxophone

saxofone

flûte

flauta

microphone

microfone

jardim zoológico

entrée
entrada

tigre
tigre

cage
gaiola

zèbre
zebra

alimentation animale
ração animal

panda
panda

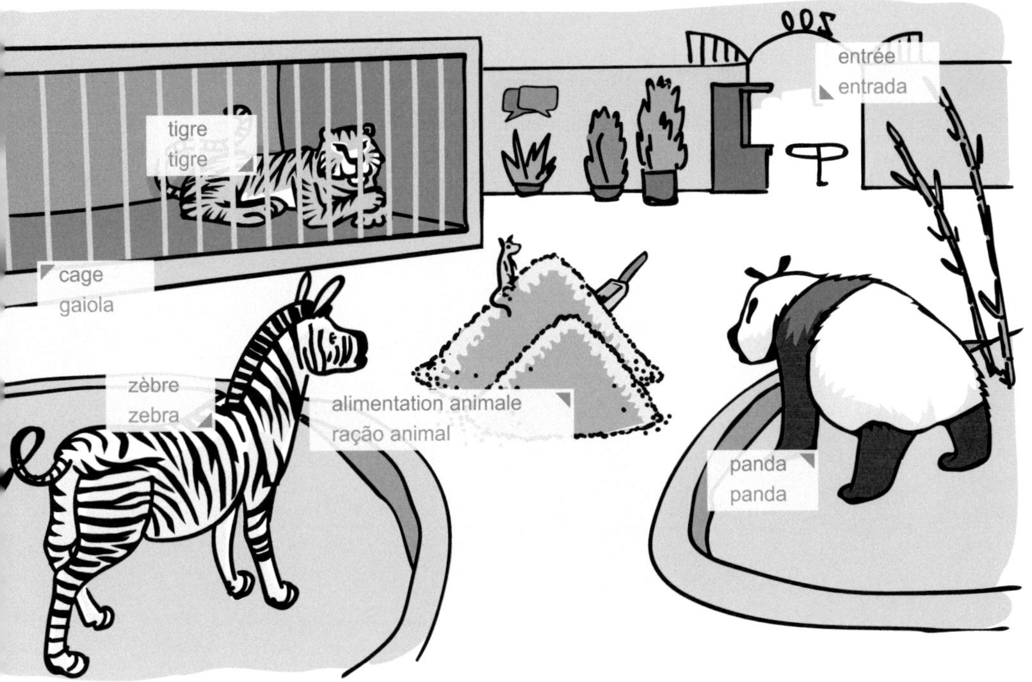

animaux

animais

éléphant

elefante

kangourou

canguru

rhinocéros

rinoceronte

gorille

gorila

ours

urso

chameau

camelo

autruche

avestruz

lion

leão

singe

macaco

flamand rose

flamingo

perroquet

papagaio

ours polaire

urso polar

pingouin

pinguim

requin

tubarão

paon

pavão

serpent

cobra

crocodile

crocodilo

gardien de zoo

guarda do jardim zoológico

phoque

foca

jaguar

jaguar

poney

pónei

léopard

leopardo

hippopotame

hipopótamo

girafe

girafa

aigle

águia

sanglier

javali

poisson

peixe

tortue

tartaruga

morse

morsa

renard

raposa

gazelle

gazela

american Football
futebol americano

cyclisme
ciclismo

tennis
ténis

basket-ball
basquetebol

natation
natação

boxe
boxe

hockey sur glace
hóquei no gelo

football
futebol

badminton
badminton

athlétisme
atletismo

handball
andebol

ski
esqui

polo
polo

rire
rir

sauter
saltar

embrasser
abraçar

chanter
cantar

marcher
andar

rêver
sonhar

prier
rezar

faire la bise
beijar

écrire
escrever

dessiner
desenhar

montrer
mostrar

pousser
empurrar

donner
dar

prendre
tomar

avoir

ter

faire

fazer

être

ser

être debout

ficar de pé

courir

correr

trier

puxar

jeter

remessar

tomber

cair

être couché

deitar

attendre

esperar

porter

carregar

être assis

sentar

s'habiller

vestir

dormir

dormir

se réveiller

acordar

regarder

olhar para

pleurer

chorar

caresser

acariciar

peigner

pentear

parler

falar

comprendre

compreender

demander

perguntar

écouter

ouvir

boire

beber

manger

comer

ranger

arrumar

aimer

amar

cuire

cozinhar

conduire

conduzir

voler

voar

faire de la voile

velejar

calculer

calcular

lire

ler

apprendre

aprender

travailler

trabalhar

se marier

casar

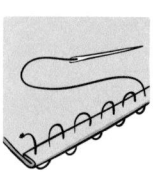

coudre

costurar

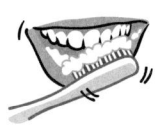

brosser les dents

escovar os dentes

tuer

matar

fumer

fumar

envoyer

enviar

famille
família

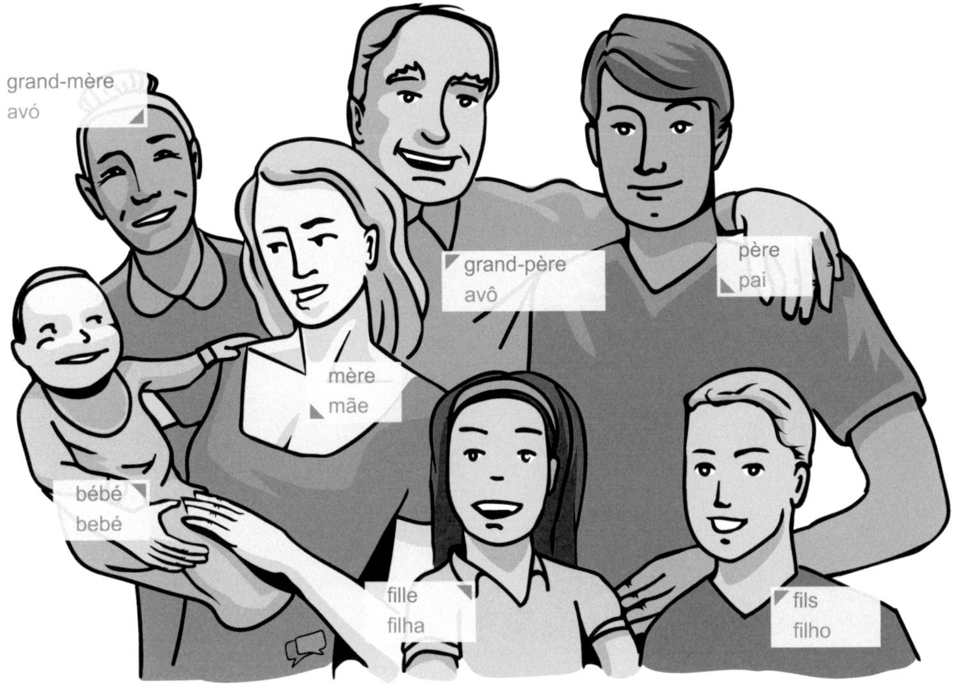
grand-mère
avó
grand-père
avô
père
pai
mère
mãe
bébé
bebé
fille
filha
fils
filho

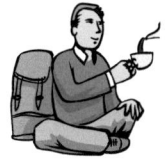

hôte
convidado

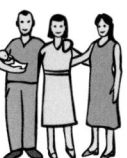

tante
tia

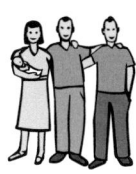

oncle
tio

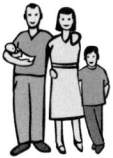

frère
irmão

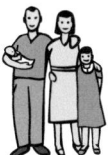

sœur
irmã

corps
corpo

front
testa
œil
olho
épaule
ombro
doigt
dedo
visage
cara
menton
queixo
main
mão
jambe
perna
poitrine
peito
bras
braço

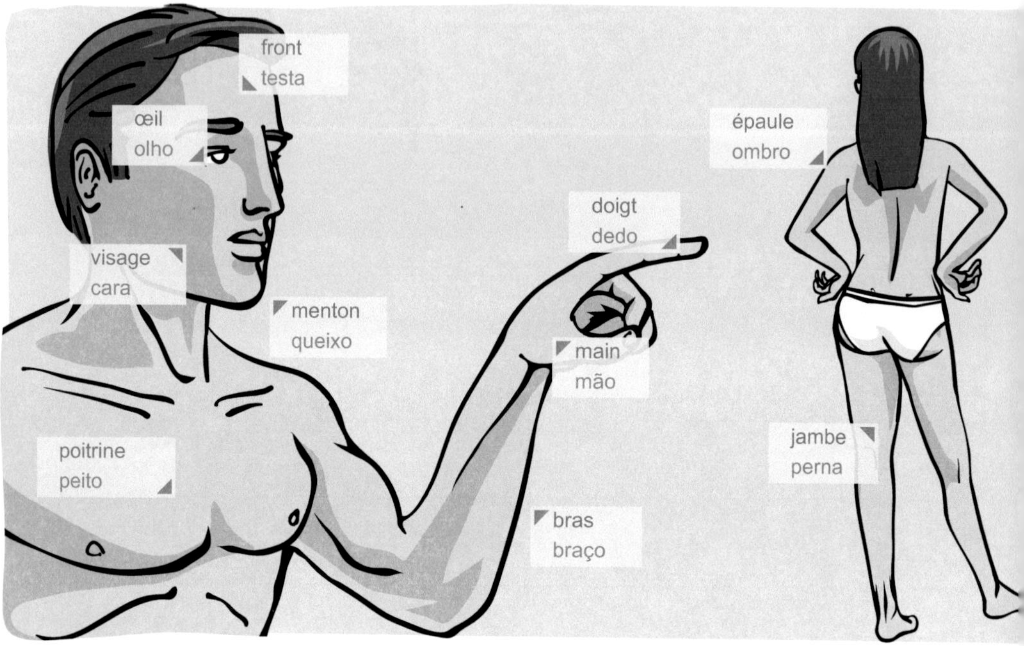

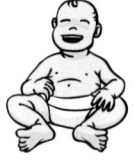

bébé

bebé

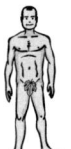

homme

homem

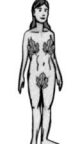

femme

mulher

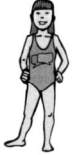

fille

menina

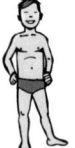

garçon

menino

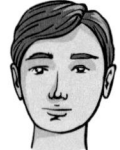

tête

cabeça

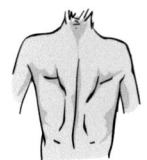

dos

costas

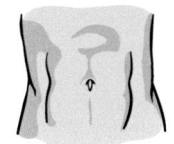

ventre

barriga

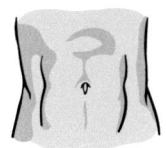

nombril

umbigo

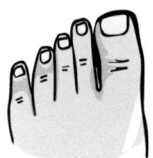

orteil

dedo do pé

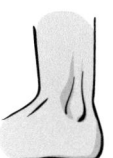

talon

calcanhar

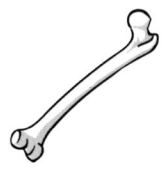

os

osso

hanche

anca

genou

joelho

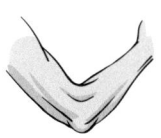

coude

cotovelo

nez

nariz

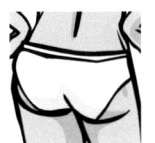

fesses

nádegas

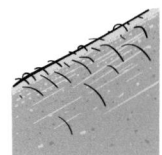

peau

pele

joue

bochecha

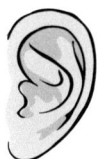

oreille

orelha

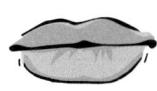

lèvre

lábio

bouche

boca

dent

dente

langue

língua

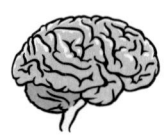

cerveau

cérebro

cœur

coração

muscle

músculo

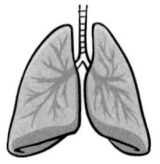

poumons

pulmão

foie

fígado

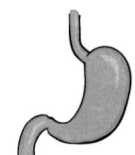

estomac

estômago

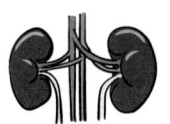

reins

rins

rapport sexuel

relações sexuais

préservatif

preservativo

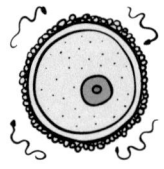

ovule

óvulo

sperme

esperma

grossesse

gravidez

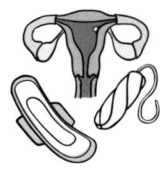

menstruation

menstruação

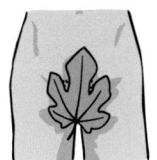

vagin

vagina

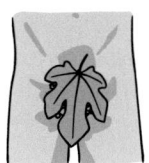

pénis

pénis

sourcil

sobrancelha

cheveux

cabelo

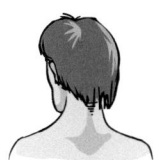

cou

pescoço

hôpital
hospital

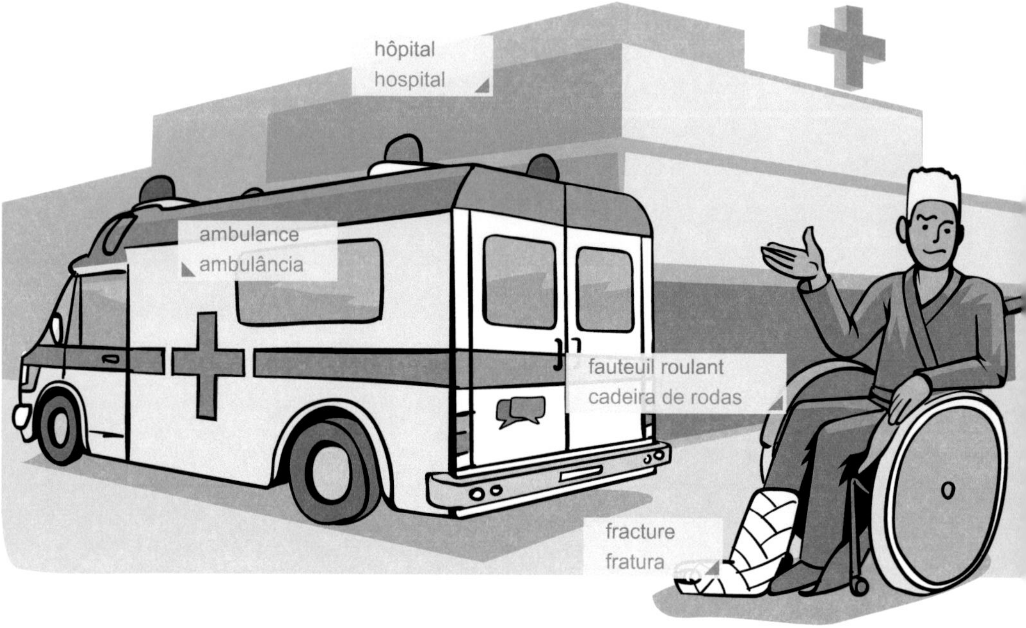

hôpital
hospital
ambulance
ambulância
fauteuil roulant
cadeira de rodas
fracture
fratura

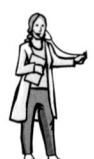

médecin

médico

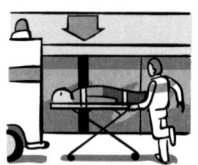

service des urgences

serviço de urgências

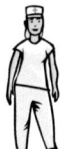

infirmière

enfermeira

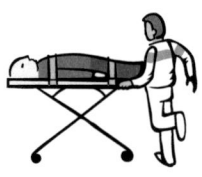

urgence

emergência

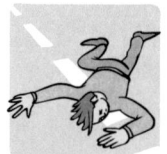

inconscient

inconsciente

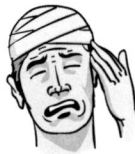

douleur

dor

blessure

ferimento

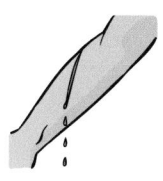

hémorragie

hemorragia

crise cardiaque

ataque cardíaco

attaque cérébrale

acidente vascular cerebral

allergie

alergia

toux

tosse

fièvre

febre

grippe

gripe

diarrhée

diarreia

mal de tête

dor de cabeça

cancer

cancro

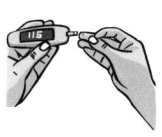

diabète

diabetes

chirurgien

cirurgião

scalpel

bisturi

opération

operação

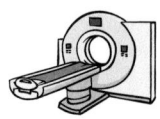

CT

CT

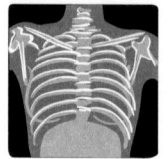

radiographie

raio x

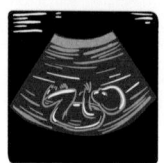

échographie

ultrassom

masque

máscara

maladie

doença

salle d'attente

sala de espera

béquille

muleta

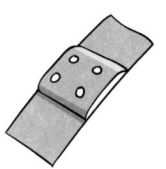

pansement

penso rápido

pansement

ligadura

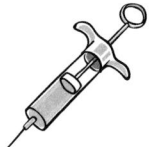

injection

injeção

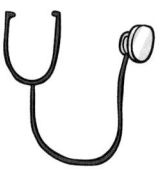

stéthoscope

estetoscópio

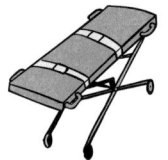

brancard

maca

thermomètre

termómetro

accouchement

nascimento

surcharge pondérale

excesso de peso

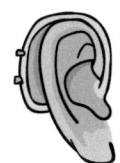

appareil auditif

aparelho auditivo

désinfectant

desinfetante

infection

infeção

virus

vírus

VIH / sida

HIV / SIDA

médicament

medicamento

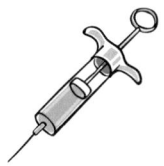

vaccination

vacinação

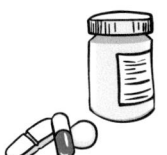

comprimés

comprimidos

pilule

pílula

appel d'urgence

chamada de emergência

tensiomètre

dispositivo de medição de
pressão arterial

malade / sain

doente / saudável

Au secours !

Socorro!

alarme

alarme

assaut

assalto

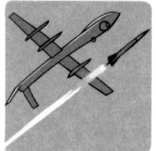

attaque

ataque

danger

perigo

sortie de secours

saída de emergência

Au feu!

Fogo!

extincteur

extintor de incêndios

accident

acidente

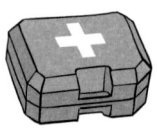

trousse de premier secours

estojo de primeiros socorros

SOS

SOS

police

polícia

Europe

Europa

Amérique du Nord

América do Norte

Amérique du Sud

América do Sul

Afrique

África

Asie

Ásia

Australie

Austrália

Océan atlantique

Atlântico

Océan pacifique

Pacífico

Océan indien

Oceano Índico

Océan antarctique

Oceano Antártico

Océan arctique

Oceano Ártico

pôle nord

Polo Norte

pôle sud

Polo Sul

Antarctique

Antártica

terre

terra

pays

país

mer

mar

île

ilha

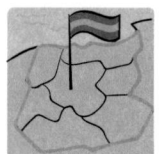

nation

nação

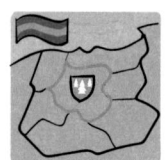

état

estado

cadran

mostrador do relógio

aiguille des heures

ponteiro das horas

aiguille des minutes

ponteiro dos minutos

aiguille des secondes

ponteiro dos segundos

Quelle heure est-il ?

Que horas são?

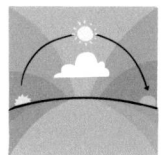

jour

dia

temps

tempo

maintenant

agora

montre digitale

relógio digital

minute

minuto

heure

hora

semaine
semana

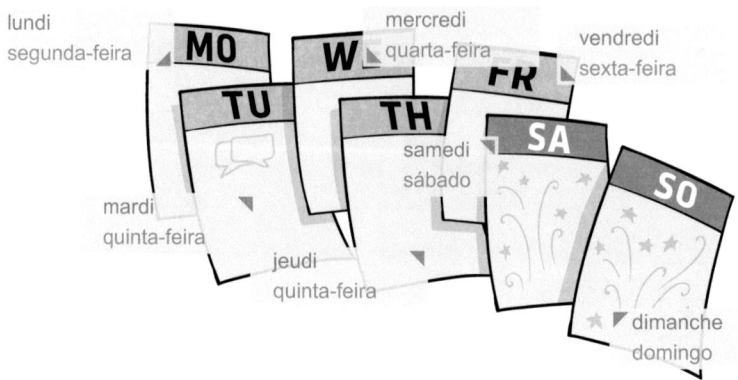

lundi
segunda-feira

mardi
quinta-feira

mercredi
quarta-feira

jeudi
quinta-feira

vendredi
sexta-feira

samedi
sábado

dimanche
domingo

hier

ontem

aujourd'hui

hoje

demain

amanhã

matin

manhã

midi

meio-dia

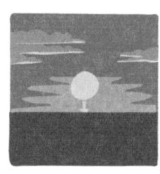

soir

entardecer

MO	TU	WE	TH	FR	SA	SU
1	2	3	4	5	6	7
8	9	10	11	12	13	14
15	16	17	18	19	20	21
22	23	24	25	26	27	28
29	30	31	1	2	3	4

jours ouvrables

dias úteis

MO	TU	WE	TH	FR	SA	SU
1	2	3	4	5	6	7
8	9	10	11	12	13	14
15	16	17	18	19	20	21
22	23	24	25	26	27	28
29	30	31	1	2	3	4

week-end

fim de semana

pluie
chuva

arc-en-ciel
arco-íris

vent
vento

neige
neve

printemps
primavera

été
verão

automne
outono

hiver
inverno

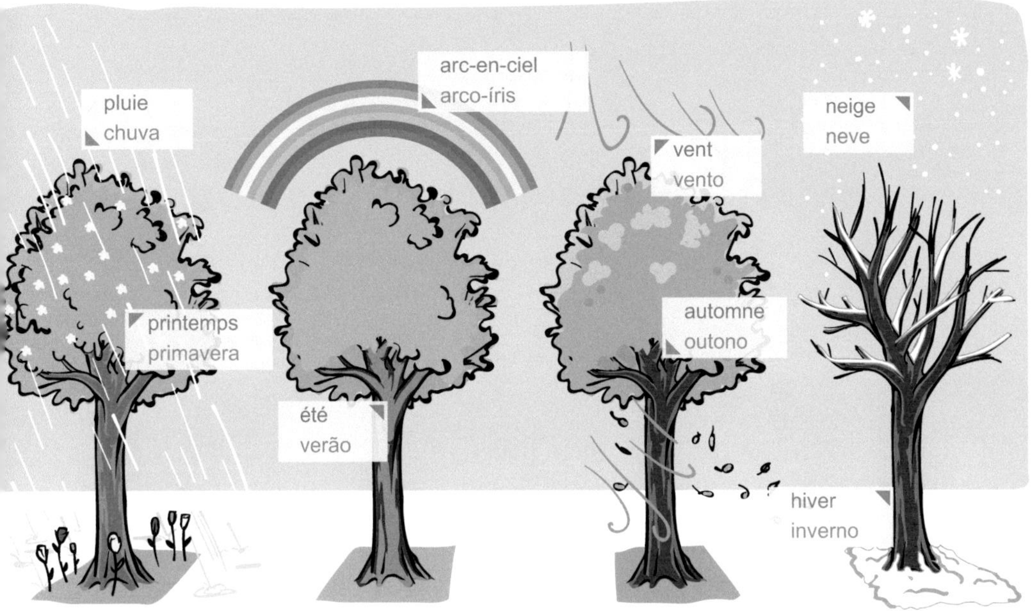

météo
previsão do tempo

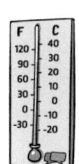

thermomètre
termómetro

lumière du soleil
raios de sol

nuage
nuvem

brouillard
neblina / nevoeiro

humidité
humidade do ar

foudre

relâmpago

tonnerre

trovão

tempête

tempestade

grêle

granizo

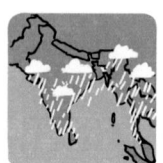

mousson

monção

inondation

inundação

glace

gelo

janvier

janeiro

février

fevereiro

mars

março

avril

abril

mai

maio

juin

junho

juillet

julho

août

agosto

septembre

setembro

octobre

outubro

novembre

novembro

décembre

dezembro

formes

formas

cercle

círculo

carré

quadrado

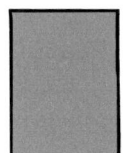

rectangle

retângulo

triangle

triângulo

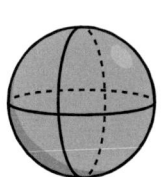

sphère

esfera

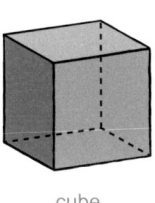

cube

cubo

blanc

branco

jaune

amarelo

orange

laranja

rose

rosa

rouge

vermelho

violet

lilás

bleu

azul

vert

verde

marron

castanho

gris

cinzento

noir

preto

beaucoup / peu

muito / pouco

fâché / calme

furioso / calmo

joli / laid

lindo / feio

début / fin

princípio / fim

grand / petit

grande / pequeno

clair / obscure

claro / escuro

frère / soeur

irmão / irmã

propre / sale

limpo / sujo

complet / incomplet

completo / incompleto

jour / nuit

dia / noite

mort / vivant

morto / vivo

large / étroit

largo / estreito

comestible / incomestible

comestível / não comestível

méchant / gentil

mau / gentil

excité / ennuyé

entusiasmado / entediado

gros / mince

gordo / magro

premier / dernier

primeiro / último

ami / ennemi

amigo / inimigo

plein / vide

cheio / vazio

dur / souple

duro / macio

lourd / léger

pesado / leve

faim / soif

fome / sede

malade / sain

doente / saudável

illégal / légal

ilegal / legal

intelligent / stupide

inteligente / burro

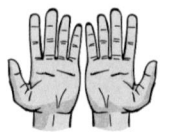

gauche / droite

esquerda / direita

proche / loin

perto / longe

nouveau / usé

novo / usado

rien / quelque chose

nada / algo

vieux / jeune

velho / jovem

marche / arrêt

ligado / desligado

ouvert / fermé

aberto / fechado

faible / fort

baixo / alto

riche / pauvre

rico / pobre

correct / incorrect

certo / errado

rugueux / lisse

áspero / liso

triste / heureux

triste / feliz

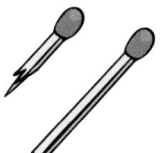

court / long

curto / longo

lent / rapide

lento / rápido

mouillé / sec

molhado / seco

chaud / froid

ameno / fresco

guerre / paix

guerra / paz

0

zéro

zero

1

un / une

um

2

deux

dois

3

trois

três

4

quatre

quatro

5

cinq

cinco

6

six

seis

7

sept

sete

8

huit

oito

9

neuf

nove

10

dix

dez

11

onze

onze

12

douze

doze

13

treize

treze

14

quatorze

catorze

15

quinze

quinze

16

seize

dezasseis

17

dix-sept

dezassete

18

dix-huit

dezoito

19

dix-neuf

dezanove

20

vingt

vinte

100

cent

cem

1.000

mille

mil

1.000.000

million

milhão

anglais

inglês

anglais américain

inglês americano

chinois mandarin

chinês mandarim

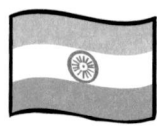

hindi

hindi

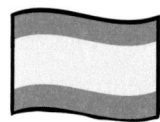

espagnol

espanhol

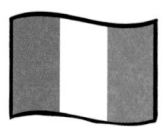

français

francês

arabe

árabe

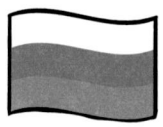

russe

russo

portugais

português

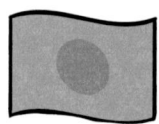

bengali

bengalês

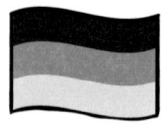

allemand

alemão

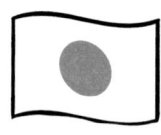

japonais

japonês

je

eu

tu

tu

il / elle / ce, c', cela

ele / ela

nous

nós

vous

vós

ils / elles

eles / elas

Qui ?

quem?

Quoi ?

o quê?

Comment ?

como?

Où ?

onde?

Quand ?

quando?

HELLO, I AM

nom

nome

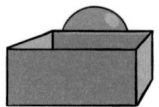

derrière

atrás

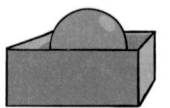

dans

em

devant

à frente de

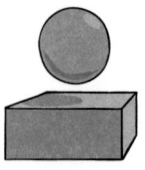

au-dessus

sobre

sur

em cima

en-dessous

debaixo

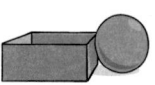

à côté de

ao lado

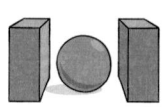

entre

entre

lieu

· lugar